# De Jesús, con amor

La misión de Editorial Vida es proporcionar los recursos necesarios a fin de alcanzar a las personas para Jesucristo y ayudarlas a crecer en su fe.

Publicado en inglés con el título:
*From Jesus with Love*
© 2003–2004 por Aurora Production AG

Traducción: *Felipe Howard Mathews, Adriana Vera y Gabriel García Valdivieso*
Edición: *María Fontaine*
Diseño interior: *Etienne Morel*
Diseño de cubierta: *Giselle LeFavre*
Traducción: © Aurora Production AG

ISBN: 0-8297- 4395-2

Categoría: Vida cristiana / Inspiracional

Impreso en Malasia
Printed in Malaysia

04 05 06 07 08 ❖ 05 04 03 02 01

**Reconocimientos**

Quiero agradecer a todos aquellos que hicieron posible la realización de este libro, compartiendo los mensajes que recibieron del cielo. Aunque fueron las palabras personales de Jesús, para ellos, estuvieron dispuestos a publicarlo para el beneficio de otros.

Que el Señor le continúe bendiciendo.
Maria Fontaine

# Introducción

«Las palabras que Yo os hablo son espíritu y son vida» (Juan 6:63). Eso es tan cierto hoy en día como cuando Jesús se lo dijo a sus discípulos de antaño. Tan válido es para las palabras nuevas que habla a sus seguidores actualmente como para las que leemos en la Biblia.

¿Que Jesús *habla* hoy en día? Sin duda. Él «es el mismo ayer, y hoy, y por los siglos» (Hebreos 13:8). Le habla a cualquiera que crea en él, le pida sinceramente que lo haga y luego acepte por fe que las palabras que escucha en su corazón proceden en efecto de él. Es lo que se suele llamar el *don de profecía*.

El presente libro contiene casi 50 mensajes de amor, de consuelo, de inspiración y de instrucción. Son breves, pero muy conmovedores. Todos ellos se recibieron directamente de Jesús en respuesta a oraciones que hicieron diversas personas por sí mismas o por otros hermanos en la fe. Sin embargo, al igual que las palabras de Cristo reunidas en la Biblia y que originariamente también iban dirigidas a determinadas personas, estos mensajes bien pueden hablarte al alma y responder a tus necesidades.

Notarás que algunas partes son de carácter inspirativo y que otras aportan soluciones a problemas específicos. Es posible que ciertos pasajes te den la impresión de haber sido escritos para ti. Otros tal vez no parezcan tener mucho que ver con tu situación, al menos no en este momento. En cualquiera caso, todos ellos tienen algo en común: Expresan el gran amor y desvelo de Jesús por los suyos.

La clave de este libro es la fe. Se requirió fe para que personas comunes y corrientes pidieran a Jesús que les dirigiera mensajes de amor, aliento y orientación. Asimismo les tomó fe captar y grabar —o escribir— dichos mensajes. A ti igualmente te hará falta fe para creerlos, aplicarlos y sacarles provecho.

La Biblia dice que la fe viene por el oír la Palabra de Dios (véase Romanos 10:17). Si lees las palabras de Dios contenidas en este libro con un corazón y una actitud sincera y le pides que te dé fe para aceptarlas, creerlas y aplicarlas, él lo hará.

# Disfruta siendo como eres

Disfruta siendo como eres: ¡una persona magnífica! Disfruta siendo como eres: ¡estás rebosante de vida! Disfruta siendo como eres: ¡tienes mucho que ofrecer! ¡Disfruta siendo como eres y disfruta de la vida que te he dado!

Te ruego que aceptes estas Palabras y confíes en que proceden de Mi corazón y van dirigidas personalmente a ti. Te amo, y ruego por ti; no solo que tu fe no falte, sino que aumente. Que crezca tu fe en Mí y en ti. Te amo.

# *Aún recuerdo...*

Aún recuerdo el día en que te formé. Con gran esmero, atención y minuciosidad escogí cada aptitud, cada don, cada característica, cada fibra de tu ser, hasta obtener exactamente la combinación que quería. Hasta las más mínimas especificaciones quedaron en perfecta sincronía para lograr Mi voluntad y Mi propósito en tu existencia y en la de todos aquellos a quienes irías a afectar durante tu travesía por la vida.

Recuerdo el momento en que te insuflé aliento de vida. ¡Sentí un amor tan inmenso que no pude contenerlo! Sabía cuánta felicidad ibas a brindar, no solo a Mí, sino a todos aquellos con quienes te cruzarías en el camino de la vida.

Te amo desde la eternidad y hasta la eternidad, y en ti me complazco.

# La perla de gran precio

Érase una vez un hombre que poseía grandes riquezas. Mientras iba de camino, observó una perla fulgurante y de gran precio. Entonces se dijo: «¡Esa perla ha de ser mía!» Al objeto de comprarla, vendió cuanto tenía, todas sus posesiones. Así podría hacerse dueño de tan valiosa alhaja.

Lo mismo eres tú para Mí. Eres aquella perla de gran precio que descubrí y por la que resolví dejarlo todo, hasta Mi trono celestial, con tal de bajar a la Tierra y obtenerte. Sacrifiqué cuanto tenía para adquirirte.

**DE JESÚS, CON AMOR**

# Más extenso que el mar

He tenido mis ojos puestos en ti desde antes que te formara en el vientre de tu madre. He estado contigo en cada etapa de tu crecimiento. Te he observado, te he amado, he velado por ti. Nunca te he perdido de vista.

¡Cuánto anhelo derramar Mi amor sobre ti! ¡Cuánto ansío estrecharte contra Mi seno! Si pasas ese tiempo conmigo en oración, escuchando interiormente Mi voz viva y la voz de Mi Palabra, te manifestaré el inmenso amor que albergo por ti. Es un amor más extenso que el mar, rebasa el horizonte, no cabe en la inmensidad del universo poblado de estrellas y galaxias. Escapa a la comprensión humana y alcanza el infinito, la eternidad.

## Un lugar particular

Soy el buen Jardinero. He plantado un hermoso vergel, lleno de flores singulares. En Mi jardín cada flor es única. Cada una cumple un fin muy concreto y ocupa un lugar particular en el huerto, así como en el afecto del Jardinero.

Eres singular para Mí. Conozco todos tus dones y cualidades, todos tus conflictos internos e imperfecciones, todo lo que te molesta acerca de tu forma de ser. Las debilidades que te irritan y que no logras vencer, tus puntos fuertes y puntos flacos, las idiosincrasias y todas las peculiaridades que conforman tu personalidad. Yo discierno los deseos de tu corazón, tus más íntimos anhelos.

Sé de los momentos en que te sientes inferior a otros. Sé que a veces piensas que eres un desastre, y tus debilidades te incomodan, te avergüenzan y te desalientan. Yo sé todo eso y, sin embargo, te amo.

**DE JESÚS, CON AMOR**

# *Prendas de Mi amor*

Aprende a reconocer Mi mano y Mi amor hasta en los menores detalles de tu vida: en la forma en que proveo para cada una de tus necesidades, aun las más pequeñas; en la forma que conservo tu salud y tus fuerzas; en la forma que guardo a salvo a tus hijos. Esas son prendas de Mi amor por ti. El amor que te tienen tus hijos es una manifestación del amor que Yo te tengo, y la manera en que te cuidan y se preocupan por ti los demás es también una muestra del desvelo que Yo tengo por ti. Mis Palabras son una expresión del amor que te profeso.

## Soy amor

En los momentos sombríos, Yo seré tu luz. En los momentos de tristeza, seré tu alegría. En los momentos de lucha, seré tu liberación. En los momentos de debilidad, te infundiré fuerzas. En los momentos de incertidumbre, Yo seré tu explicación. En momentos de duda, seré fe para ti. Y algo más importante todavía: soy amor para ti. Te amo y te perdono.

No te desanimes, pues; no te descorazones. No mires atrás. No sientas remordimiento por errores o pecados cometidos. Lo pasado ya pasó. He cubierto esos errores y pecados. Lo que era como la grana será emblanquecido como la nieve. Como está lejos el oriente del occidente hice alejar de ti tus pecados.

Desde el preciso momento en que imploras Mi perdón, en el instante en que clamas a Mí, Yo te perdono. Por tanto, no hay motivo para que sigas preocupándote, temiendo y llevando tú la carga.

**DE JESÚS, CON AMOR**

# Presentes para ti

He aquí que soy el Buen Pastor. Di la vida para salvar a los perdidos. Entregué Mi cuerpo para sanar a los quebrantados. No en vano sufrí todo eso. Lo hice para poder estrechar a Mis hijos contra Mi seno, consolarlos, amarlos y concederles perdón, redención y sanidad.

Tengo los brazos extendidos, y en las manos llevo magníficas dádivas para los que están quebrantados y dolientes, los que lloran y padecen. Tengo valiosos presentes para ti, dádivas de amor, perdón, misericordia y sanidad. Todo eso te ofrezco, y te lo daré generosamente si tan solo extiendes la mano para tomarlo con fe.

Esas dádivas no se ganan a base de bondad y rectitud. Nunca podrías hacerte merecedor de los magníficos dones que te brindo. Mas te los daré gratuitamente si extiendes la mano por fe y aceptas Mi amor, Mi misericordia, Mi perdón y Mi sanidad.

# Te comprendo cabalmente

Estoy tan enamorado de ti que Mi vista no capta ninguno de tus fallos e imperfecciones. El amor me ciega y me hace ver más allá de tus faltas y equivocaciones. Es un amor que solo ve lo bueno y las posibilidades que los demás no alcanzan a distinguir.

No te vigilo garrote en mano listo para atizarte al más mínimo error. No estoy a la espera de que tropieces y caigas para meterte otra vez en la vereda de un estacazo. ¿Cómo iba a hacer eso? Yo también me he encontrado en tu lugar. Yo también adopté el manto de carne humana a fin de llegar a conocerte y a comprenderte cabalmente. Conozco las contrariedades que experimentas, cada uno de tus anhelos, la insuficiencia de la carne humana y hasta tus pecados ocultos. Me identifico con tu humanidad. Por ello he prometido que tendré misericordia de ti. Mis pensamientos para contigo son de paz, perdón, paciencia y compasión.

**DE JESÚS, CON AMOR**

# Todo te ha sido perdonado

Si te presentaras ante Mí ahora, Mi amor te inundaría de tal manera que todos los pesares, los dolores y los malentendidos de ayer y de hoy se disiparían sin dejar rastro. Tan enorme es el amor que te tengo que no da lugar a la tristeza ni a los sentimientos de culpa. De presentarte ante Mí, Yo no te comunicaría más que amor y aceptación totales. Sabrías que todo te ha sido perdonado. No hay causa de temor en Mí. Yo me llevo todos los temores. En Mi amor no hay temor.

A pesar de que todavía moras en carne humana, confía en que el amor que te tengo no es menos intenso que el que te demostraré cuando llegues aquí y te presentes ante Mí. No estoy más distante de lo que estaré entonces. Igual de presente estoy contigo ahora. Hoy obtienes el mismo perdón que obtendrás entonces. Nada tengo contra ti. Eres Mi tesoro, Mi amor.

# ¿Qué defectos?

No me hables de tus errores. Yo te pregunto: ¿Qué errores? ¿Qué defectos? ¿Qué fracasos? No me hables del pasado. Para Mí no existe el pasado. No puedo decir que tengas imperfecciones o debilidades, porque en este momento no las veo. Cuando te miro, cuando observo tu corazón, para Mí ya no existen tus debilidades. Se esfuman a causa del gran amor que te tengo, el cual lo eclipsa todo. Ni se te ocurra, pues, explicarme lo innoble que eres, que no te servirá de nada. Te amo demasiado para notarlo.

El que obtiene gran perdón luego ama mucho; escarmienta por las faltas cometidas y aprende a perdonar los errores ajenos. La mirada reprobatoria se vuelve amorosa y clemente cuando piensa en lo mucho que se le ha perdonado. Se le han devuelto las esperanzas, ve la vida desde otra perspectiva, con otros ojos.

**DE JESÚS, CON AMOR**

## *Amor sin límites*

Quiero enseñarte a sentir mayor amor, abrirte los ojos al amor incondicional, para que te des cuenta de cómo es, participes de él, lo pongas en práctica y aprendas a amar al prójimo sin reservas.

Deseo que ahora veas a cada uno como Yo lo veo: con amor infinito, inconmensurable, que aprendas a amar tal como se te ha amado.

Aprende a amar a los demás con el mismo amor que te ha ayudado a salir adelante en muchas situaciones difíciles, el amor que te ha dado fuerzas para seguir adelante, el amor que te ha ayudado a perdonar, el amor que te ha permitido sincerarte: Mi amor.

**AMAR AL PRÓJIMO**

# Abre el corazón

Recibe la dádiva de amor que te ofrezco
para que la entregues a los demás. ¿Cómo
se recibe? Tal como recibirías cualquier otro
regalo Mío: pidiendo, aceptando y creyendo.
Y luego, ¿cómo compartes ese regalo con tus
semejantes? Paso a paso, realizando un acto
de amor seguido de otro, seguido de otro…

Recibe, pues, Mi ungimiento y aplícalo a situaciones
concretas día tras día, paso a paso. Materialízalo de
acto en acto, de palabra en palabra. En la medida en
que hagas un esfuerzo para dar, compartir y amar, Yo
te lo compensaré con creces. Verteré en ti un amor
mayor, un nuevo amor, un amor fortalecedor.

Por tanto, no temas; simplemente recibe. Abre el corazón y di
que sí. Abre el corazón y di: «Quiero tenerlo». Abre el corazón y
recíbelo. Dará fruto en tu vida y en la vida de los que te rodean,
de las personas a las que veas y con quienes tengas relación.

**DE JESÚS, CON AMOR**

# Pequeños actos de consideración

Hay muchas formas de manifestar Mi amor. Por ejemplo, puedes dar un saludo caluroso en vez de una mirada indiferente. Puedes tomar unos momentos para responder a una pregunta con consideración y franqueza, en vez de hacerlo ligero y aprisa, con lo que los demás se sienten subestimados o piensan que son un estorbo.

Mi amor se manifiesta de muchas formas: a base de perdón, de misericordia, de ternura, de amabilidad, de sencillez; con palabras de amor, de aliento y de elogio; con todo lo bueno y positivo que puedas decir de alguien; mediante pequeños actos de consideración; estimulando y recompensando a los demás; preocupándote por ellos; mostrándote atento; entregándote a ellos; dedicando tiempo a conversar, a escuchar y a compartir; ayudando a llevar la carga; rebajándote si hace falta para ayudar a una persona.

# Déjalo pasar

Hay dos vías: la de la resistencia y la de la sumisión. La de la sumisión es la vía fácil. Como cuando dos cabras coinciden frente a frente en un angosto sendero de montaña, y en lugar de embestirse, una se echa para dejar que la otra le pase por encima. Así quiero que tú hagas. De lo contrario no hay sino enfrentamiento y choque de cabezas. Es mucho más fácil echarse y dejar que la otra persona pase por encima. Te digo y te repito que lo dejes pasar.

Procura ser humilde. Esfuérzate por obrar con amor. Pon empeño en adquirir bondad y comprensión. Esas virtudes son joyas de gran valor que puedes lucir y que harán resaltar en ti la verdadera belleza de Dios. Busca la sencillez, el amor. Busca ser gentil. Sé que tienes esas cualidades, pues conozco bien tu corazón. Sé que en las fuentes de tu corazón está presente el deseo de ser humilde, de obrar con amor, ternura, bondad, paciencia y comprensión. Mas para que en tu corazón afloren todas esas virtudes es preciso que te despojes del orgullo y del egoísmo.

**DE JESÚS, CON AMOR**

# Pensamientos amorosos

Cuando otros te fallen o cometan lo que a tu modo de ver son errores, en vez de contrariarte y estallar en ira, di: «Ruego por ellos. Los aprecio mucho. Quiero ayudarlos y facilitarles las cosas». Abriga pensamientos amorosos por aquellas personas que te desesperan. Ora por ellas.

Gracias a esas oraciones y pensamientos, el amor que tienes en el corazón podrá impregnar tu espíritu y vencerá al orgullo y al egoísmo.

## Las intenciones del corazón

Soy el Creador de todas las cosas y juzgo el corazón. Conozco el corazón de los hombres. Sé todo lo que en él se aloja. Por tanto, Mi juicio es justo y verdadero. En el día del juicio, cuando comparezcas delante de Mí y se haga un repaso de tu vida, Yo juzgaré según tus actos y según los designios de tu corazón. De ese modo emitiré un juicio justo. He aquí que conozco el corazón de las personas, y no hay nada que me sea oculto.

Cuando pretendas hacer algo, recuerda que Yo veo y entiendo los pensamientos e intenciones de tu corazón. Que todos tus actos estén impulsados por el amor: Mi amor, el amor al prójimo y el amor a Mí.

**DE JESÚS, CON AMOR**

# Constante como el sol

La felicidad de espíritu es mucho mayor que la de la carne. La llevas siempre contigo. Jamás cesa. Ni la noche más solitaria ni las nubes más grises pueden privarte de ella.

La felicidad de la carne es temporal. Un sentimiento efímero que depende de tu estado de ánimo, de las circunstancias que te rodean, de lo visible y lo tangible. En cambio, la felicidad de espíritu viene del conocimiento de que soy tu Salvador y me intereso por ti.

La felicidad que Yo brindo es constante como el sol. ¿Acaso cuando el sol se pone por la tarde y desaparece en el horizonte te angustias pensando que se ha ido para siempre? ¿Dices a alguien: «Ya no hay sol en nuestra vida»? No. Es constante. Siempre es. Aunque cae la noche y no puedes verlo, nunca dudas de su existencia ni de que volverá a salir a la mañana siguiente. Así es la felicidad de espíritu: por muy presente que está, cuando cae la noche la pierdes de vista. Ese es el momento de confiar y descansar hasta la mañana siguiente, cuando volverá a aparecer.

## *Gozo sencillo*

El gozo del Señor es tu fortaleza. ¿Cómo se obtiene ese gozo? En realidad, es sencillo: ámame con todo tu corazón, con toda tu mente, con toda tu alma y con todas tus fuerzas, y acuérdate también de amar a los demás. No te preocupe lo que piensen ni cuáles sean sus opiniones. Simplemente ten gestos de amor y de humildad. De hecho, eso aumentará el respeto que te tiene la gente.

No olvides manifestar amor y desvelo por los que te rodean, y Yo te colmaré de gozo, paz y felicidad.

# Llenar el vacío

Cuando el corazón de una persona está vacío, se siente infeliz e insatisfecha; ansía ser feliz y saciar el hambre que padece. Mira a su alrededor y ve lo que el mundo tiene por atractivo, y trata de llenar con ello ese vacío. Lo que no ve ni comprende es que para beneficiarse plenamente de Mis promesas debe cumplir con la parte que le toca.

Para algunos no es fácil, pues piensan que no hallarán felicidad en sacrificarse o entregarse por entero a Mí. No ven cómo eso podría hacerlos más felices o llenar esa sensación de vacío que los aflige interiormente.

En cambio, los que lo entregan todo por amor a Mí, los que entregan su vida desinteresadamente, rendidos a Mí, experimentan los verdaderos placeres y éxtasis de Mi Espíritu, los cuales no tienen comparación con ninguna otra cosa de este mundo. Eso llena el corazón como ninguna otra cosa. Mas la única forma de obtener esa satisfacción es a través de la entrega y sumisión totales a Mí.

# Decisiones

Los sentimientos y emociones que experimentas son consecuencia directa de las decisiones que tomas, de los pensamientos que albergas, de las veces que optas por obrar abnegadamente, de las ocasiones en que te pones en el lugar de otra persona y dejas que tu corazón se quiebre y sea movido a compasión y amor.

Yo te premio con sentimientos de amor, unidad y felicidad. Te los otorgo según las decisiones que tomes y las opciones que elijas, es decir, según la forma en que por voluntad propia actúes, te entregues, reacciones, te sacrifiques y comprendas a los demás.

**DE JESÚS, CON AMOR**

# ¡Sé feliz!

El gozo del Señor es tu fuerza. Es Mi voluntad que halles gran dicha y placer en servirme y amarme. Me alegra verte bien, contento y riendo. Me agrada verte reír. Me complace verte feliz. Así pues, vive contento, pasa bien el tiempo y disfruta de la vida. Goza de tus comidas, de tu casa, de tus ratos de ejercicio, de tu trabajo, de los momentos que pasas en compañía de otros. Al disfrutar de todo eso me disfrutas a Mí. Me place verte feliz: de modo que sé feliz. No te inhibas de reír y de pasarla bien.

## *Tesoros a tu disposición*

Si bien llamo a todos con los brazos abiertos para que vengan y se entreguen a Mí, y así poder comunicarles amor, felicidad, ungimiento, satisfacción y fortaleza, son muy pocos los que optan por acercarse y darse por entero a Mí.

¡Ojalá te dieras cuenta! ¡Ojalá vieras lo que anhelo darte! ¡Cuánto ansío estrecharte en Mis brazos, volver realidad todos tus deseos y hacer estallar tu corazón de alegría, de forma que se desborde y derrame Mi amor sobre los demás! He ahí la verdadera felicidad y contentamiento.

28                          **DE JESÚS, CON AMOR**

# El refugio

Cuando a tu alrededor se desaten tempestades, y los vientos de la aflicción, de la adversidad y de las dificultades te zarandeen y te arrastren de un lado a otro, ven un rato a Mis aposentos, y permanece ahí hasta que hayan pasado esas calamidades. Acércate a Mis cálidos brazos. Reposa la cabeza en Mi hombro; ya verás que cuidaré bien de ti. Te acariciaré la frente y haré que se disipen las montañas de dificultades.

El refugio que te he prometido no es otro que el alivio que brinda Mi amor, el consuelo de Mis brazos, la paz que fluye de Mi corazón hacia el tuyo, que te colma y te envuelve, que transporta tu espíritu a la esfera celestial donde lo verás todo con otros ojos.

En esos momentos de quietud, cuando disfrutamos de íntima comunión, puedo hacer que veas las cosas de otro modo. Puedo infundirte nuevas ideas, nuevos pensamientos. Si entras al aposento de Mi refugio, verás todo lo que puedo hacer por ti.

# ¿Por qué tantas dificultades?

Te preguntas: «¿Por qué, Señor? ¿Por qué tengo que pasar por tantos trances y penalidades? ¿Será que te estoy desagradando? Te amo. ¿Por qué tengo que sufrir estas vicisitudes?»

Muchos cristianos a lo largo de los siglos se han planteado lo mismo. En todos los casos Mi Espíritu estaba obrando en ellos. A menos que se volvieran débiles, Yo no podía hacerme fuerte en ellos. A menos que se quebrantaran, Yo no podía enseñarles a ser compasivos; no podía enseñarles la empatía, el sincero interés que les hacía falta tener por los demás. No podía concederles todos los hermosos dones de Mi Espíritu que traen aparejados los apuros y los quebrantos.

Por medio de esas aflicciones te estoy enseñando a luchar, no con tu propia fortaleza, sino con Mis fuerzas, valiéndote de la oración y acudiendo a Mí por cada cosa que se te presenta en la vida.

**DE JESÚS, CON AMOR**

# Las ruedas del progreso

La vida se compone de ciclos. Hay épocas en que todo va bien y otras en que todo parece marchar mal. Quiero que aprendas a aferrarte a Mí en cada ciclo.

Los problemas te obligan a ejercitar tu fe, pues tienes que hacerles frente. Eso te lleva a la siguiente fase del ciclo. Acudes a Mí en busca de ayuda, combates, triunfas y progresas. Es como una rueda que va girando: la parte de arriba baja, y la de abajo sube. Así se genera el movimiento hacia adelante.

Cada vez que te enfrentas a una nueva prueba, debes volver a combatir. Aceptas el reto, me pides auxilio y una vez más vences y progresas. Cuantas más pruebas, más victorias. Ahora bien, si en algún momento no acudes a Mí para que te dé la solución o no peleas hasta vencer, el ciclo se interrumpe. Te quedas en la parte baja y dejas de avanzar. No vas a ningún lado.

Por tanto, no asocies los bajones de la vida con derrotas, sino con oportunidades de avanzar. Ya sé que es difícil pasar por esos ciclos, pero debes hacerlo para seguir avanzando. No cejes, pues. ¡Sigue adelante!

## El peso del sacrificio

Yo sé que tu corazón se parte. Sé que te duele en el alma y que todo esto te parece insoportable. Ten por cierto, criatura Mía, que jamás te exigiré más de lo que puedes hacer. Siempre que llegues al punto en que ya no puedas más, cuando tu cuerpo ceda bajo el peso del sacrificio, te extenderé la mano, te levantaré, te atraeré a Mí y te daré unas fuerzas y una fe que desconocías.

**DE JESÚS, CON AMOR**

# Como el oro en el horno

Puede que ahora no entiendas algunas cosas, porque aún no ha llegado el momento de que te revele del todo Mi plan, Mi propósito. Pese a que no lo entiendas todo, cree y confía. Mis caminos no son Tus caminos. No se puede conocer la mente de Dios esforzándose por entender y analizarlo todo con mentalidad carnal. Yo revelaré Mis pensamientos y Mis caminos mediante el poder de Mi Espíritu a quienes se muestren receptivos y sumisos, a quienes crean, acepten y aprecien Mi voz con fe y amor.

Te prometo que si sigues adelante por fe —aunque ni siquiera sepas a ciencia cierta si tendrás fuerzas para aguantar— no fracasarás. Así como el oro se purifica en el horno del refinador, los que pasan por la llama ardiente de las pruebas saldrán cual oro puro. Te pongo a prueba a fin de eliminar todas las impurezas. Por tanto, no tengas miedo de las pruebas. Te las mando porque te amo, para purificarte, en respuesta a tus oraciones.

# Sueños que no se hacen realidad

Hay muchas cosas que pueden salir mal en la vida y que de hecho salen mal. Son muchos los sueños que no se hacen realidad, los ideales que no alcanzan a cristalizarse y las situaciones que no se resuelven como uno afanosamente quisiera. No obstante, en los sueños que no se hacen realidad, en los ideales que no alcanzan a cristalizarse y en las situaciones que no se resuelven como esperabas, Yo estoy contigo. En Mi mano te tengo reservados sueños mayores que los que has abrigado jamás, ideales más hermosos que los que has deseado y cosas más sublimes que las que has esperado jamás. Tu imaginación no ha concebido las cosas fantásticas que tengo reservadas a quienes me aman, a quienes perseveran contra viento y marea.

**DE JESÚS, CON AMOR**

# Soluciones para tus problemas

Cuando te sientas débil, Yo seré fuerte por Ti. Cuando te agobie la confusión, te imbuiré de paz. Cuando te invada el temor, confortaré tu corazón. Cuando te asalten dudas, te daré fe. Cuando te sobrevenga la tensión, te daré alivio. Cuando te encuentres en un laberinto, estaré a tu lado. Cuando te sientas inútil, te daré una meta. Cuando se apodere de ti la angustia, te comunicaré alegría. Cuando te falte confianza, Yo seré tu tranquilidad. Cuando lo veas todo confuso y turbio, Yo te daré claridad. Cuando todo te parezca lúgubre y tormentoso, seré para ti luz esplendorosa.

## *La oración es comunicación*

Piensa cómo te sentirías si nunca recibieras una comunicación de la persona que amas. Probablemente lo tomarías como un desaire. ¿Cómo te sentirías si nunca recibieras una carta de amor de la persona que más quieres, ni siquiera una breve nota? ¿O si transcurriera todo un día en que tu cónyuge no te dirigiera la palabra?

Cuando no recibo una sola palabra de ti se me desgarra el corazón. Me lleva a preguntarme si de veras me quieres y me necesitas. Comunícate. No te olvides de Mí, porque de tales sacrificios me agrado. La oración es comunicación.

# Efectos de la oración

Orar no es lo mínimo que puedes hacer, sino lo máximo. Fíjate: si es lo máximo que puedes hacer, ¿por qué no oras más?

La oración es un medio muy poderoso. Si quieres Mi poder es necesario que ores. ¿Qué es la oración? Es el vínculo que te une a Dios. Es comunicación. Es explotar la mayor fuente de energía. Es ser fiel al deber más importante del hombre. Orar es sinónimo de reposo, fe y confianza absoluta.

La oración hace descender Mi paz sobre ti. La oración es dinámica. Te levanta el ánimo. Altera el curso de los acontecimientos. La oración sana, reaviva, regenera, edifica. La oración es humildad, es Mi amor. La oración mueve Mi mano y me impulsa a actuar. La oración logra resultados. Es la gracia salvadora para la humanidad.

Lo más importante es que la oración nos une a los dos. Nos funde para que tú también puedas valerte de Mi poder.

# Todo tiene su tiempo

Hay un sinfín de formas de orar. Hay momentos para desahogar tu corazón conmigo en clamor vehemente y ruegos fervorosos. Pero hay también situaciones en que debes guardar silencio con serenidad, en humilde búsqueda de Mí, susurrándome suavemente tus peticiones y comunicándome lo que necesitas.

Hay momentos en que debes orar sobre la marcha, presentándome en silencio las peticiones de tu corazón; y hay otros en que es preciso que hagas una pausa y lo dejes todo para buscar Mi rostro. Todos estos medios de acudir a Mí son importantes y todos tienen su momento y su razón de ser.

Poco importa la postura del cuerpo; lo importante es tu actitud. Haz largas plegarias cuando sea necesario; pronuncia una breve oración cuando tengas prisa. Debes aprender a hacer ambas cosas, según la necesidad. En todo caso, ¡ora! Es fundamental que dependas de la oración. Vive conforme a tus oraciones. Ora sin desfallecer.

**DE JESÚS, CON AMOR**

## Lo oigo todo

Nada me es oculto. Conozco todos los pensamientos y deseos, y hasta la más íntima de las oraciones. Cada vez que alzas los ojos a Mí, que clamas a Mí, estoy a tu lado, oigo tus súplicas y Mi corazón se mueve a compasión. Jamás se me endurece. Jamás me canso de escucharte. Jamás te rechazo. Nunca me duermo. Nunca coloco en Mi puerta un cartel rogando que nadie me moleste. Jamás estoy pensando en otra cosa. Nunca estoy demasiado cansado u ocupado para atenderte. Siempre oigo y respondo tus ruegos: unas veces de la forma en que deseas y otras de maneras que ignoras, o que aún no puedes ver. En todo caso, siempre oigo y respondo.

# Ven a Mí

Ven. Sube a las montañas donde los arroyos son puros y cristalinos. Escala hasta donde el aire no está contaminado. Trepa cada vez más alto, dejando atrás las cosas de este mundo, y hallaras pureza de espíritu, pureza de corazón.

Ven a Mí con la copa en la mano, y ve si no te serviré del agua fresca de Mi Espíritu. Si acudes a Mí en oración, me buscas y me pides que derrame sobre ti Mi Espíritu, lo derramaré.

¿Seguirás trepando? ¿Echarás de ti las cosas del mundo que te sobrecargan? ¿Pondrás la mira en las cosas de arriba? ¿Pondrás los ojos en Mi rostro, únicamente en Mi rostro? ¿Beberás de Mi pozo, únicamente de Mi pozo? ¿Vendrás a Mí para que vierta sobre ti las bellezas de Mi Espíritu?

**DE JESÚS, CON AMOR**

# Sigamos en contacto

Ora y ora, una y otra vez. Me fascina. Lo deseo. Lo necesito. Me deleito en ello. Me agrada mantener una estrecha comunicación contigo para que seamos uno. Todas tus oraciones son importantes. Algunas tienen distintas finalidades, pero todas son importantes. No dejes, pues, de orar.

Deseo estar en constante comunicación contigo, mantener un vínculo continuo contigo. Recurre a todos los medios posibles y deja que Yo haga llover Mis riquezas espirituales. Todo lo Mío es tuyo. Te lo ofrezco gratuitamente de un pozo que nunca se seca. ¿Para qué conformarte con lo humano pudiendo tener lo divino? ¡Recibe Mi poder! Está a tu alcance, a tu entera disposición.

# *Todo tipo de oraciones*

Oraciones breves, oraciones largas, en grupo o en privado, fervientes o rápidas; oraciones en silencio, mientras caminas o cuando yaces en la cama; oraciones matinales, vespertinas o nocturnas; oraciones entre una actividad y otra; oraciones por tus necesidades o por tus deseos; oraciones pidiendo protección, pidiendo curación, por tu trabajo, por tus viajes; oraciones para obtener victorias; oraciones de liberación o pidiendo consuelo, guía o sabiduría; oraciones por más amor, por milagros, por situaciones difíciles, por los demás, por ti mismo; oraciones para cambiar la historia o para transformar corazones: dirígemelas todas a Mí.

**DE JESÚS, CON AMOR**

# Extiende la mano hacia Mí

Extiende la mano hacia Mí en la mañana, en la tarde y en distintos momentos del día. Háblame a lo largo de la jornada. Ámame y alábame. No te alejes mucho. No permitas que los intervalos entre los momentos que pasas conmigo se prolonguen cada vez más. No pierdas contacto por un instante. Basta con una palabra, una mirada.

Reserva cada día un momento exclusivamente para nosotros. Un momento que puedas esperar con ilusión. Un momento en que puedas dar descanso a tu cuerpo y recostarte en Mis brazos. Un momento en que podamos hablar, en que podamos reír, en que podamos llorar. Lo que desees hacer o lo que desees decirme, dímelo. Estaré pendiente de ti. Te espero.

## *Sintoniza conmigo*

Yo emito a toda hora. Simplemente tienes que aprender a sintonizar y recibir la señal. Otorgo el don de escucharme a cualquiera que lo desee. Es gratuito. Semejante a una emisora radial que transmite a toda hora. Cualquiera que tenga un receptor puede sintonizar y captar los sonidos, la música, la programación. He puesto un receptor en cada persona. Lo único que hay que hacer es aprender a emplearlo. Ello requiere cierto esfuerzo. No te desanimes si al comienzo la señal no es muy clara. Sigue practicando, no dejes de acudir a Mí. Sigue aguardando con paciencia, y poco a poco llegarás a escuchar con mayor claridad.

**DE JESÚS, CON AMOR**

# Atravesar el laberinto

A medida que el mundo se torna más complicado tendrás más necesidad de Mí para que te ayude a atravesar ese laberinto de complejidades. Deberás invocar Mi guía y Mi ayuda. Soy capaz de revelarte cosas que no puedes ver con los ojos. Puedo enseñarte muchos asuntos que no conoces. Así, el mundo se asombrará de la sabiduría que posees, de tu conocimiento, de tu comprensión de los sucesos. Todo ello te prometo si tan sólo me buscas y me escuchas.

Por tanto, no temas, no tengas miedo de preguntar. ¿Te daba miedo hacerle preguntas a tu padre o a tu madre cuando eras joven y no conocías las respuestas, pero las deseabas vivamente? No. No temías; simplemente preguntabas, y ellos te respondían. De igual manera sucede conmigo.

Adquiere mayor sensibilidad a Mí y a Mi Espíritu. Apunta tu antena espiritual hacia arriba. Pon atención, pues es mucho lo que te quiero decir.

## Recursos a tu disposición

Te enseñaré a escuchar Mi voz. El día se acerca en que será importantísimo que lo hagas, en que te verás obligado a hacer uso de Mi poder, de Mis recursos. Ahora bien, esos recursos ya están a tu disposición, para lo que se te antoje. Pide, busca, ten fe.

Cuando tienes la cabeza llena de tus propias ideas y planes, cuando no quieres detenerte a mirar, a escuchar, cuando no quieres ir más despacio, orando continuamente, luego resulta que no te encuentras en el momento oportuno en determinado lugar, o que no le dices o haces a cierta persona algo que era necesario. Entonces Mi plan se frustra, y eso es causa de desilusión. En cambio, ¡qué gran alegría y regocijo se produce cuando participas en el plan de Dios y todo va sobre ruedas! Hay gran alegría y felicidad tanto en el mundo espiritual como en tu corazón cuando ves la respuesta a tus oraciones y palpas el poder de Dios.

**DE JESÚS, CON AMOR**

# Responderé

Me agrada oírte clamar a Mí. Me agrada oírte cuando me buscas. Me agrada que te dediques a escucharme un tiempo que te parece valiosísimo. Si dedicas tiempo a escucharme, me tomaré tiempo para responder, ofrecer soluciones a tus problemas, proveer para tus necesidades y darte mucho más abundantemente de lo que podrías pedir o hasta pensar. No he dejado de hacerlo ni una sola vez. Desde el principio de los tiempos hasta este día jamás he dejado de escuchar y responder las peticiones que brotan de los labios de Mis hijos.

# Siéntate a Mis pies

Permanece en Mí y Yo en ti; como el sarmiento no puede llevar fruto por sí mismo, tampoco tú puedes. Cuanto más clames a Mí y más pongas los ojos en Mí, cuanto más te apoyes en Mí, más fruto podrás dar para Mi Reino.

Si vas conmigo al huerto de la oración, te hablaré y te revelaré cosas que te harán dar más fruto y te conducirán a un mayor conocimiento de la verdad. Pero tienes que hacer el esfuerzo de sentarte a Mis pies y tener paciencia para escuchar y oír las Palabras de verdad, las Palabras de vida, que aún tengo que darte, a fin de que seas más fructífero, de que pongas los ojos más en Mí en los días venideros.

**DE JESÚS, CON AMOR**

## Los almacenes del Cielo

Vierto muchos arroyos de Mi Palabra, con abundante y generoso caudal. Te he dado libre acceso a las bóvedas de los Cielos donde se guardan Mis tesoros. Están todas a tu disposición. Basta que me lo pidas. Te abro los depósitos del Cielo. Te doy libre acceso a Mi Palabra viviente, pues tienes necesidad de ella. Ten presente que la batalla espiritual se libra en la Tierra. Ahí es donde tienes necesidad de que Yo mismo te conduzca comunicándome directamente contigo, que te dé Mis órdenes explícitas, Mi caudal de sabiduría, y te enseñe Mi estrategia para ganar la guerra espiritual.

Te concedo acceso a los almacenes del Cielo —siempre y cuando los abras con la mano de la fe—, a fin de que halles auxilio y fortaleza, instrucción y orientación en tu hora de necesidad.

## *En familia*

Pasa ratos conmigo en compañía de tu cónyuge y tus hijos. Tómense tiempo para leer Mi Palabra, orar y acudir juntos a Mí. No dejen de comunicarse abiertamente y de expresarse sus deseos. ¿Quieren ser una familia más unida? Hablen de ello. ¿Sienten necesidad de Mi bendición, tanto espiritual como económica? Hablen de ello. Acudan a Mí todos juntos, y Yo derramaré Mi bálsamo sanador sobre toda la familia. Haré descender abundantemente Mis bendiciones y Mi provisión.

**DE JESÚS, CON AMOR**

# Renovación

Yo los junté a los dos, mas la excesiva familiaridad y el acontecer cotidiano los han llevado a abandonar la íntima relación que tenían entre sí y también la comunión conmigo. Renueven juntos su relación conmigo, dejando las viejas costumbres y las ideas preconcebidas.

Hagan a un lado todo lo que piensan el uno del otro, y concéntrense más bien en Mí juntos. Ámenme juntos. Alábenme juntos. Cántenme juntos. Ríndanme culto juntos. Adórenme juntos. Busquen Mi rostro juntos. Clamen a Mí juntos. Entonces los llenaré, y los tres seremos uno. Seremos «cordón de tres dobleces».

## Sé un buen compañero

El matrimonio es sagrado a Mis ojos.
Cuando veas que tu esposa padece
necesidad y dolor, debes conmoverte,
compadecerte, orar por ella, consolarla,
expresarle amor y comprensión y tratarla
con benevolencia. No te exasperes, no te
hartes ni te desanimes si por un tiempo se
la ve más débil. No te lo tomes como un gran
inconveniente y un obstáculo. Más bien mírala
con compasión y ternura. Tómala en tus brazos y
consuélala, ámala, llora por ella. Y sobre todo, ora
por ella.

Si no eres capaz de manifestar amor, ternura y
compasión a esta mujer, que es tu esposa, ¿cómo
vas a hacerlo con los demás?

**DE JESÚS, CON AMOR**

# *Un matrimonio fuerte*

Para que el matrimonio sea fuerte, debe serlo en espíritu. Y para ello debe estar centrado en Mí. La atención, la unidad y el amor de ambos deben girar alrededor de Mí. Ello los hará capaces de superar los errores, los malentendidos y las flaquezas humanas. Mas si dejan pasar mucho tiempo sin comunicarse, sin orar juntos, sin mostrarse humildes y unirse en torno a Mi Palabra, es fácil que se vuelvan inflexibles en sus posturas, orgullosos, insumisos e intolerantes. Pierden la compasión. Pierden la ternura. Pierden la dulzura.

# El cuidado de un marido

Entrañable hija mía, gracias por ser tan buena esposa para tu marido. Estoy orgulloso de ti. Te elogio por ser fiel a él durante tantos años y cuidarlo con tanto desvelo. Me complace mucho que el amor entre dos personas perdure en el tiempo. Me encanta que dos seres sean fieles a los compromisos que asumieron el uno para con el otro y que no dejan de amarse pase lo que pase. Naturalmente que hay altibajos y pruebas, mas ustedes son un modelo, porque se aman. Es digno de elogio.

Es particularmente bello que una pareja me incluya en su unión. Gracias por dejarme formar parte de su matrimonio.

# *Crisis provechosas*

A veces lo que a primera vista parece un conflicto conyugal es en realidad un incidente del que me valgo para fortalecer el matrimonio, llevando a los cónyuges a una crisis. Si encaran la crisis como es debido, orando fervientemente, platicando, acudiendo a Mí y comunicándose con franqueza, a la larga la unión se fortalecerá. Gracias a lo que aprendan juntos y a las dificultades que experimenten juntos, se volverán más maduros, adquirirán mayor profundidad espiritual y se comprenderán mejor.

# Epílogo

Si aún no has experimentado el amor expresado en estos mensajes de Jesús, puede que se deba a que todavía no has recibido sus dones de amor y vida eternos que él te entrega cuando reconoces en él a tu Salvador. Jesús no se te impone. Él aguarda humildemente a que lo invites a entrar en tu vida. Dice: «Yo estoy a la puerta [de tu corazón] y llamo; si alguno oye Mi voz y abre la puerta, entraré a él» (Apocalipsis 3:20). Puedes aceptarlo ahora mismo orando sinceramente la siguiente plegaria:

*Jesús, te agradezco que hayas dado la vida por mí, para que pudiera alcanzar la vida eterna. Te ruego que me perdones todas mis malas acciones y faltas de amor. Purifícame de todo eso y ayúdame a enmendarme. Necesito que Tu amor me llene y satisfaga el corazón. Anhelo la vida de felicidad celestial que me ofreces, tanto aquí y ahora como en la dimensión celestial. Te abro la puerta de mi corazón y te pido, Jesús, que entres. Gracias por escuchar y responder a mi oración. Amén.*